NOTICE

SUR L'ENTERREMENT

DE

M.ᴸᴸᴱ RAUCOURT.

Tombeau de M.elle Raucourt au Cimetière du Père-Lachaise.

NOTICE

SUR L'ENTERREMENT

DE

MLLE RAUCOURT,

ACTRICE DU THÉÂTRE FRANÇAIS,

Morte le 15 Janvier 1815.

. . . . si cet art est impie,
Sans répugnance il le faut abjurer :
S'il ne l'est pas, il le faut honorer.

VOLTAIRE.

A PARIS,

DE L'IMPRIMERIE DE P.-N. ROUGERON, RUE DE L'HIRONDELLE, N.° 22.

1821.

NOTICE

SUR L'ENTERREMENT

DE

M.ˡˡᵉ RAUCOURT.

Personne n'a ignoré le scandale occasionné par l'enterrement de Mademoiselle Raucourt; mais le silence que les journaux gardèrent sur cet événement ne permit au public de le connaître que d'une manière très-imparfaite. Témoin de ce qui s'est passé dans cette circonstance, et fier d'avoir pu contribuer à sauver les restes de cette actrice célèbre d'un affront qui retombait sur toute une classe de citoyens, je sentis le besoin d'exprimer mon indignation. Je me disposais à publier cette notice lorsque je fus contraint de suivre l'exemple des journaux. Dépouillée aujourd'hui des réflexions qu'elle contenait, elle ne peut plus offrir le même intérêt; mais je ne la fais plus paraître dans l'intention de fronder une intolérance et un préjugé que le temps ne peut manquer de détruire. Mon seul but est de rappeler Mademoiselle Raucourt au souvenir du public : c'est un hommage que je rends à sa mémoire et qui doit plaire à la fois à ses nombreux admirateurs et à tous les amis de la justice et de la raison.

Dirigé par le seul sentiment du regret que m'inspirait la perte d'une femme dont j'avais aimé le talent, je voulus l'accompagner à son dernier asile. Le 17 Janvier 1815, jour de l'enterrement, je me rendis à sa demeure, rue du Helder; j'y trouvai le corbillard suivi d'un grand nombre de voitures de deuil et beaucoup de monde rassemblé tumultueusement. J'attendais tranquillement le départ du convoi lorsque j'appris qu'on refusait à Mademoiselle Raucourt l'entrée de l'Eglise; que ses parens et ses amis faisaient à ce sujet, depuis deux jours, des instances inutiles auprès de son curé; qu'il était resté sourd à toutes leurs représentations; qu'enfin les acteurs du théâtre Français venaient d'avoir recours au Roi et qu'on attendait ses ordres. J'eus de la peine à croire qu'on pût tenter de nos jours de ramener l'usage d'excommunier les comédiens.

Quelques personnes prétendaient que ces difficultés provenaient de ce que Mademoiselle Raucourt avait refusé à sa dernière heure l'assistance d'un prêtre. D'autres assuraient que le curé de Saint-Roch avait été invité à lui en envoyer un, mais qu'il n'avait pas voulu y consentir, disant qu'une comédienne était excommuniée, et qu'il voulait remettre en vigueur les canons de l'Eglise.

Le temps se passait et les ordres du Roi n'arrivaient pas. Les comédiens Français, en habit de gardes nationaux, allaient et venaient dans la plus grande agitation, la foule des curieux grossissait, les murmures augmentaient, et l'indignation était générale. Mais c'est parmi les femmes du peuple qu'elle se manifestait avec le plus de force. Il leur échappait mille propos naïfs et pleins de sens. Enfin la nouvelle se répand qu'il faut renoncer à entrer à l'Eglise, et qu'on allait se rendre directement au cimetière. Des cris d'indignation s'élèvent alors de toutes parts ; on ne peut soutenir l'idée de voir ignominieusement rejetée du lieu Saint une femme dont le crime est d'avoir récité sur un théâtre les vers des grands poètes qui ont illustré la France , une femme dont les talens et la bienfaisance s'étaient attiré l'estime générale.

Le convoi allait partir lorsqu'on forma le projet de remporter par la force ce qu'on avait pu obtenir par la prière. Voilà des braves, disait-on, en désignant les pauvres qui portaient les cierges , qui nous donneront un coup de main et ne souffriront pas l'injure qu'on veut faire à leur bienfaitrice. —Oui , oui, comptez sur nous, répondirent plusieurs, d'une voix terrible.

Au moment où l'on se disposait à exécuter ce projet , le convoi se mit en marche, dirigé par des gens qui annoncèrent qu'il se rendait à Saint-Roch. Des cris de joie se font entendre , et le peuple impatient se précipite vers l'Eglise. Le corbillard suivait; il était près d'entrer dans la rue de la Michaudière, lorsqu'un officier de police, saisissant les rênes des chevaux , veut lui faire prendre la direction du boulevart. Dans l'exaltation qui l'entraînait , chacun se portait vers Saint-Roch , sans examiner ce qui ce passait derrière lui. *A l'Eglise!* s'écrie-t-on. Ce mot est répété jusqu'à la tête du cortége. Le peuple revient sur ses pas, force l'officier public de s'éloigner, et le char funèbre, protégé par la foule qui l'entoure, s'avance victorieusement jusqu'aux portes du temple.

Les comédiens , entraînés presque malgré eux par la multitude , paraissaient s'alarmer de cette scène orageuse et craindre qu'elle ne leur fût imputée. On était arrivé de l'Eglise ; plus de quinze mille personnes de tout âge, de tout rang , de tout sexe en encombraient les avenues ; la foule y pénètre par les portes latérales qui étaient restées ouvertes ; en un instant , elle est remplie. On ne se contente pas de ce facile triomphe : on veut que la cérémonie s'effectue dans toutes les règles , et que Mademoiselle Raucourt ait les honneurs de la grande porte. En vain on somme le suisse de l'ouvrir ; on essaye alors de l'enfoncer ; on brise les chaises ; mais la porte, aussi inébranlable que le curé, résiste à toutes les tentatives.

Pendant que les uns se livraient à cette attaque infructueuse, les autres demandaient des prêtres à grands cris. Effrayé de cet événement et ne se jugeant pas en sûreté dans son domicile , M. le curé s'était retranché au fond de la sacristie. Des personnes qui, à l'approche du convoi, étaient allées lui adresser de nouvelles supplications , et qu'il venait de repousser impitoyablement, annoncèrent son inflexibilité et sa détermination de périr plutôt que d'enfreindre les ordres qu'il disait avoir reçus du Chapitre métropolitain. Alors le tumulte fut à son comble. Des murmures séditieux commençaient déjà à se faire entendre; quelques individus proposaient de conduire le corps, à travers la ville, jusqu'à l'archevêché, et de demander au Chapitre raison de sa barbare intolérance; quelques autres voulaient se porter aux Tuileries pour connaître les ordres du Roi. La fermentation des esprits devenait telle , qu'on paraissait prêt à se livrer à toutes les extrémités. Depuis long-temps on n'avait vu se passer dans une Eglise une scène aussi scanda-leuse, et le moment approchait où d'une étincelle pouvait naître un incendie.

Au milieu de ce désordre, les comédiens Français se faisaient remarquer par la contenance noble et calme avec laquelle ils attendaient au dehors l'issue de cette entreprise. Mais leur modération ne faisait qu'accroître l'ardeur du public. Il était révolté de voir que des citoyens revêtus de l'uniforme le plus honorable, participant aux droits communs à tous les Français, fussent exposés à une exception aussi humiliante.

On continuait de se livrer dans l'Eglise à la plus violente agitation, quand tout à coup j'entends crier : on emmène le Corbillard ! Je sors et je l'aperçois déjà loin de plus de cent pas. Chacun paraissait trembler des suites que cette défaite allait entraîner et de l'ascendant funeste des prêtres, s'ils remportaient la victoire. La garde était survenue sur ces entrefaites ; un piquet de gendarmerie était rangé devant l'Eglise. Les comédiens Français gagnaient le Cimetière en toute hâte, et paraissaient avoir renoncé volontairement à un triomphe qu'ils craignaient d'acheter trop cher.

Le courage du public semblait se ralentir à mesure que le convoi s'éloignait. Le monde, qui se trouvait alors dans la rue, n'était pas très au fait de ce qui se passait ; les têtes les plus animées étaient restées dans l'église : quelques personnes sorties avec moi les appellent, et sans les attendre s'élancent vers le corbillard. Plusieurs comédiens veulent nous arrêter :

—De grâce , messieurs, ne faites point d'esclandre, nous disent-ils, vous ne savez pas tous les dangers qui peuvent en résulter ; laissez-nous poursuivre, nous savons à quoi nous en tenir. (Les principaux sujets se disposaient à faire le lendemain leurs soumissions respectueuses au Roi , et à lui annoncer que, puisqu'ils exerçaient un état contraire aux lois et à la religion , ils allaient se retirer du théâtre.) Sans les écouter, on se jette sur les chevaux du corbillard , et la foule accourant de toutes parts parvient à l'arrêter à l'entrée de la rue Traversière ; mais la rue se trouve tellement obstruée , qu'il est impossible de le faire retourner. Voyant que les quatre chevaux embarrassaient le cocher, on coupe les traits des deux premiers; il s'avance alors librement, et revient dans la rue Saint-Honoré, par celle des *Frondeurs*, aux acclamations du peuple triomphant.

A peine est-il de retour devant l'église, qu'on se précipite sur le cercueil. Chacun se dispute l'honneur de le porter et de l'introduire dans le lieu Saint. La grande porte s'ouvre. On ne se donne pas le temps d'ouvrir le chœur; les balustrades en sont franchies, et le corps est déposé au pied de l'autel. En un instant tous les cierges sont allumés ; et l'église offre tout l'appareil d'une cérémonie depuis long-temps préparée. Il arrive alors des ordres du Roi qui prescrivent de rendre à Mademoiselle Raucourt les devoirs funèbres dûs à tous les Chrétiens. Les voûtes retentissent d'applaudissemens. Le curé est appelé avec des cris forcenés. Les officiers de police montés sur les marches de l'autel veulent haranguer la multitude ; on ne les écoute pas. *Le curé ! le curé !* est le seul cri qui se fasse entendre.

Enfin on voit paraître un prêtre suivi d'un porte-croix et de deux chantres. Aussitôt la scène change. A la vue du ministre, le tumulte s'apaise, et le recueillement le plus profond règne dans toute l'assemblée. Jamais à un scandale plus violent ne succéda aussi subitement un spectacle plus édifiant. Le prêtre officie et fait les cérémonies accoutumées au milieu d'un religieux silence. Le service terminé, il reconduit le corps jusqu'à la porte de l'église, et le peuple satisfait le replace lui-même dans le corbillard.

Après la station d'usage devant le Théâtre Français, le convoi continua sa marche et arriva au cimetière du Père-la-Chaise, suivi d'une foule de citoyens de tout rang, jaloux d'honorer le talent d'une femme célèbre jusqu'à sa dernière demeure. Là, sur les bords de la tombe, un vieillard respectable prononça au milieu des larmes de tous les assistans quelques paroles sur l'événement déplorable qui venait de se passer, et s'abstenant de vanter les talens de la défunte, crut ne pouvoir mieux faire son éloge qu'en rappelant la bonté de son cœur et sa religieuse bienfaisance.

. Sans s'être élevée au rang des Dumesnil, des Clairon, Mademoiselle Raucourt possédait des qualités d'autant plus précieuses qu'elles sont plus rares aujourd'hui. Sa perte laisse un grand vide au théâtre, et il se passera peut-être bien des années avant qu'elle soit remplacée. Le talent ne suffit pas pour remplir dignement son emploi ; il faut y joindre une longue habitude de la scène, il faut avoir *vieilli dans le sérail* et en *connaître les détours.*

Sa voix était devenue sèche et dure ; son âme manquait d'expansion ; elle parvenait rarement à toucher ; mais elle se distinguait par un aplomb et une aisance extraordinaires, par une entente parfaite de la scène, par une intelligence profonde et une dignité admirable. Si elle faisait verser peu de larmes, elle excitait toujours l'étonnement et l'intérêt. Moins remarquable dans les rôles sensibles et pathétiques, elle excellait dans le genre admiratif. Son talent était plutôt dans son esprit que dans son âme. Elle raisonnait plus qu'elle ne sentait, mais elle était parvenue à force d'art à atteindre la nature. Il était impossible de mieux parler la tragédie. Elle avait trouvé le secret de la rendre tout à la fois naturelle et noble. On se rappelle encore le caractère qu'elle imprimait aux rôles d'Agrippine, de Cléopâtre et d'Athalie. Elle était sublime dans Léontine, il n'était pas possible d'y produire plus d'effet avec moins d'effort. Avec quel sentiment elle disait dans Jocaste :

> Nos prêtres ne sont pas ce qu'un vain peuple pense,
> Notre crédulité fait toute leur science !

Aucune actrice n'a obtenu, dès son entrée dans la carrière, un succès aussi brillant. Son apparition sur la scène française excita un enthousiasme extraordinaire. Sa beauté et sa jeunesse donnaient alors un nouvel éclat à son talent naissant. Elevée à l'école des Lekain et des Clairon, Mademoiselle Raucourt était presque la seule qui connût et qui observât les principes et les traditions de ces grands maîtres. Elle était devenue un précieux modèle pour les jeunes actrices ; mais existât-elle encore, elle n'en serait pas moins perdue pour la scène. Déjà sa représentation de retraite se préparait ; et quarante ans passés au service de Melpomène, devaient commencer à lui faire sentir le besoin du repos.

Elle vit sa fin approcher avec tranquillité. *J'en suis,* disait-elle, *à la dernière scène de la pièce.* Elle ne prévoyait pas le rôle qu'elle devait encore jouer après sa mort. Depuis plusieurs années elle s'attachait à la religion et enrichissait souvent l'autel de ses offrandes ; on la voyait figurer dans les quêtes et dans la cérémonie du pain bénit. Quinze jours avant de mourir elle avait encore envoyé à M. le curé de Saint-Roch une somme qu'elle était dans l'usage de lui remettre tous les ans au premier janvier.

Il appartenait aux habitans d'une paroisse, témoin de ses bonnes œuvres, de la venger de l'outrage fait à sa mémoire. Elle avait lieu de s'attendre aussi à la protection d'un gouvernement pour lequel son attachement s'était signalé pendant la révolution d'une manière si éclatante qu'il l'avait rendue victime des plus violentes persécutions.

On a attribué la scène à laquelle elle donna lieu, à des partisans du gouvernement passé ; je l'ai suivie dans tout son cours, et je me suis convaincu que c'était à tort. Elle n'a été occasionnée que par l'intolérance du clergé. Rien n'avait été prévu, ni concerté. Aucun projet ne s'est formé qu'à la vue de l'inflexible résistance du curé de Saint-Roch.

Comment, dans l'état le plus civilisé, des prêtres peuvent-ils défendre ce que les magistrats permettent ! Comment, sous le même gouvernement, la religion frappe-t-elle d'anathème une profession que la loi tolère ! Notre théâtre est sans contre-dit un des plus beaux monumens de notre gloire. C'est une véritable école de vertu et d'éloquence. Nos chefs - d'œuvre nous sont enviés par tous les peuples policés ; ils respirent tous la morale la plus pure, et l'on s'avilirait à les représenter ! Il y aurait de la honte à réciter des vers, quand il y a de l'honneur à en composer ! La raison dédaigne de réfuter d'aussi misérables absurdités.

Cependant, on ne peut se le dissimuler, quoique l'événement dont je viens de rendre compte fasse voir combien ce préjugé est affaibli, il ne laisse pas d'avoir encore une forte influence, et il nuit plus qu'on ne pense à la prospérité du théâtre. S'il est à peu près éteint dans la Capitale, il règne encore dans les provinces ; il règne dans l'esprit des prêtres qui l'entretiennent ; il règne dans celui même des hommes qui paraissent le plus s'élever au-dessus, et qui par leur rang et par leur pouvoir, seraient les plus capables de le détruire.

> Ah ! verrai-je toujours ma faible nation,
> Incertaine en ses vœux, flétrir ce qu'elle admire ;
> Nos mœurs avec nos lois toujours se contredire,
> Et le Français volage, endormi sous l'empire
> De la superstition ?
>
> VOLTAIRE.

FIN.